Il potenziale infinito delle donne

Un discorso di
Sri Mata Amritanandamayi

in occasione del Summit 2008
dell' Iniziativa delle Donne
per la Pace nel Mondo:
*"Fare spazio al femminile
nell'interesse del mondo"*

Jaipur, India — 7 marzo 2008

Mata Amritanandamayi Center, San Ramon
California, Stati Uniti

Il potenziale infinito delle donne
Un discorso di Sri Mata Amritanandamayi
Traduzione inglese di Swami Amritaswarupananda Puri

Pubblicato da:
    Mata Amritanandamayi Center
    P.O. Box 613
    San Ramon, CA 94583
    Stati Uniti

----- *The Infinite Potential of Women (Italian)* -----

Copyright © 2008 Mata Amritanandamayi Center, P.O. Box 613, San Ramon, CA 94583, Stati Uniti

   Tutti i diritti riservati. Ogni riproduzione, archiviazione, traduzione o diffusione, totale o parziale, della presente pubblicazione, con qualsiasi mezzo, con qualsiasi scopo e nei confronti di chiunque, è vietata senza il consenso scritto dell'editore.

Prima edizione a cura del MA Center: agosto 2016

In Italia: www.amma-italia.it

In India:
    inform@amritapuri.org
    www.amritapuri.org

Amma e Dena Merriam, organizzatrice dell'Iniziativa delle Donne per la Pace nel Mondo, durante le preghiere nel corso del summit.

Il Summit 2008, organizzato dall'Iniziativa delle Donne per la Pace nel Mondo, ha visto riunirsi diverse centinaia di persone per discutere come una guida femminile possa trasformare la religione, la politica, l'economia e la società in generale. È stato un gruppo eterogeneo, che ha attirato capi religiosi e spirituali, statisti, accademici ed educatori, professionisti nel campo della salute e attivisti per la salvaguardia dei diritti umani.

Introduzione

Il Summit 2008, organizzato dall'Iniziativa delle Donne per la Pace nel Mondo, dal tema "Fare spazio al femminile nell'interesse del mondo", ha visto riunirsi diverse centinaia di persone per discutere come una guida femminile possa trasformare la religione, la politica, l'economia e la società in generale. È stato un gruppo eterogeneo, che ha attirato capi religiosi e spirituali, statisti, accademici ed educatori, professionisti nel campo della salute, attivisti per la salvaguardia dei diritti umani e anche alcune decine di giovani provenienti da paesi in conflitto.

Il summit si è svolto dal 6 al 10 Marzo all'Hotel Clarks Amer di Jaipur, la capitale del Rajasthan, nel nord dell'India, in corrispondenza con il programma annuale di *darshan* di Amma nella Città Rosa. Il 7 marzo Amma ha tenuto un discorso profondo e appassionato dal titolo *"Il potenziale infinito delle donne"*, concentrandosi sull'oppressione femminile nei vari settori della società.

Sotto molti aspetti, l'intervento è stato un ampliamento del memorabile discorso - *"Il risveglio della maternità universale"* - tenuto al primo summit dell'Iniziativa delle Donne per la Pace nel Mondo, nella sede delle Nazioni Unite di Ginevra nel 2002.

Nel 2002, Amma aveva lodato l'immenso potere dell'energia femminile e affermato che, per il bene del mondo, era indispensabile che le donne nella società si unissero in prima linea agli uomini. A questo proposito, Amma aveva chiesto alle donne di credere in se stesse e agli uomini non solo di non di fermare la loro ascesa, ma di assisterla. Quello che aveva reso unica la visione di Amma era il suo insistere sul fatto che le donne non dovrebbero sollevarsi ad imitazione degli uomini, ma abbracciare e nutrire in pieno le proprie innate qualità materne. Amma aveva detto che l'essenza dell'esistenza di una donna è l'amore materno, la compassione, la pazienza e l'altruismo, e che a nessun costo si dovrebbero abbandonare queste qualità. "Se le donne rinnegano le loro qualità femminili", aveva proseguito Amma, "si aggiunge maggior disequilibrio a quello già presente nel mondo". "L'era imminente dovrebbe essere dedicata a risvegliare il potere risanante delle caratteristiche materne", disse Amma. "Questo è l'unico modo per realizzare il nostro sogno di pace e armonia per tutti".

Nell'intervento del 2008 a Jaipur, Amma ha più volte deplorato il declino dell'amore e del

Introduzione

rispetto reciproco fra uomini e donne e, per amore della pace e dell'armonia nel mondo, ha sottolineato l'urgenza del suo ripristino. "Uomini e donne dovrebbero unirsi per salvare la nostra società e le generazioni future da un grande disastro", ha detto Amma. "Oggi, invece, la situazione è simile a due veicoli stracarichi provenienti da direzioni opposte che accelerano l'uno nella direzione dell'altro, entrambi riluttanti a spostarsi per fare passare l'altro". E ancora: "Se il futuro deve essere un bel fiore pienamente sbocciato e fragrante, occorre che vi sia una collaborazione reciproca in tutti i settori. Coloro che desiderano pace e appagamento nella comunità mondiale, devono tener conto di questo aspetto adesso, in questo istante. Per un futuro pieno di promesse, è necessario che le menti e gli intelletti delle donne e degli uomini si uniscano. Non possiamo aspettare oltre. Più rimandiamo e peggiore sarà la condizione in cui si troverà il mondo".

Amma è anche entrata nello specifico, analizzando nei dettagli i vari modi in cui le donne sono oppresse e sfruttate – con particolare riferimento ai problemi di prostituzione, violenza sessuale, pornografia su Internet, sistema della dote, divorzio e infanticidio femminile.

Amma ha anche ribadito idee espresse nell'intervento del 2002, insistendo sull'importanza per le donne di basare la propria vita sulle qualità associate alla maternità, cercando l'uguaglianza non a livello esteriore, ma interiore. "Ogni cosa ha la sua natura essenziale…", ha detto Amma. "La luce è la natura del sole, l'onda quella del mare e la frescura quella del vento. Ciò che dona la calma ad un cervo e la ferocia ad un leone è la loro natura intrinseca. Similmente, donne e uomini hanno una natura originale che li contraddistingue. Questo dovrebbe essere ricordato e mai dimenticato".

Amma ha concluso rivolgendosi direttamente alle donne: "Le donne, allo stesso modo, posseggono già tutto quello di cui hanno bisogno per eccellere nella società. Sono impeccabili, complete in tutti gli aspetti. Quando gli uomini cercano di screditarle, le donne non dovrebbero abbattersi e credere di essere inferiori all'uomo. Sono le donne che hanno dato vita ad ogni singolo uomo sulla terra. Siate orgogliose di questa benedizione unica e avanzate avendo fiducia nel vostro potere intrinseco. Non dovreste mai pensare a voi stesse come a deboli agnellini, ma sempre come a delle leonesse".

Alla fine del discorso, è stato chiesto ad Amma di incontrarsi con un gruppo di circa 30 "giovani leader" provenienti da Paesi di tutto il mondo,

Introduzione

---

inclusi molti territori in cui è in corso un conflitto. Tra questi Afghanistan, Iraq, Iran, Pakistan, India, Sri Lanka, Tibet, Nepal, Cambogia, Laos, Taiwan, Sud Africa, Nigeria, Messico, Israele e Palestina.

È stato allora che la presidentessa dell'Iniziativa, la Rev.da dott.ssa Joan Brown Campbell, ex direttrice esecutiva dell'Ufficio americano del Consiglio mondiale delle chiese, ha avvicinato

Durante il summit, Amma ha incontrato un gruppo di circa 30 "giovani leaders" provenienti da Paesi di tutto il mondo, inclusi molti territori in cui è in corso un conflitto. Tra questi Afghanistan, Iraq, Iran, Pakistan, India, Sri Lanka, Tibet, Nepal, Cambogia, Laos, Taiwan, Sud Africa, Nigeria, Messico, Israele e Palestina.

Amma con una richiesta: "Amma, sogniamo che uno dei risultati di questo incontro sia la creazione di un consiglio di leader spirituali femminili provenienti da tutto il mondo. Se formiamo tale consiglio, la nostra speranza è che esso possa diventare un punto di riferimento per le persone che cercano una parola dalle donne, una parola di saggezza. Amma, sarebbe disposta ad assumere il ruolo di guida di questo consiglio? Sarebbe un onore per noi ricevere il suo appoggio". Con la più grande umiltà Amma ha accettato, dicendo che sicuramente avrebbe fatto del proprio meglio.

La Rev.da Brown e Dena Merriam, fondatrici e presidenti dell'Iniziativa, hanno presentato i vari giovani ad Amma. Guardando con intensità ognuno di loro, Amma ne ha lodato le precoci inclinazioni spirituali e il desiderio di dedicarsi al sostegno della pace. "A una così giovane età questi ragazzi hanno risvegliato e sviluppato una consapevolezza spirituale. Questo è di per sé sorprendente e degno di lode", ha detto Amma.

Amma ha poi suggerito che l'Iniziativa conceda ai giovani di avere un ruolo in questo nuovo consiglio. "Se i giovani fossero alla guida, tutte le nazioni ne gioverebbero", ha affermato. "Se si uniscono, possono diventare come un bell'arcobaleno".

Introduzione

Sottolineando la maggiore importanza dell'azione sulle parole, Amma ha poi esaltato le virtù dei giovani. "I giovani hanno l'energia per rimboccarsi le maniche, darsi da fare e agire concretamente", ha detto Amma con un sorriso. "Voi dovete solo guidarli e condividere le vostre esperienze, e lasciare che loro prendano la guida. Dovremmo anche offrire loro un sostegno emotivo e intellettuale fornendo le istruzioni necessarie al momento giusto. Le persone sono alla ricerca di una guida, soprattutto nelle aree di conflitto. Ciò di cui abbiamo realmente bisogno non sono incontri fisici, ma incontri di cuori. Dovremmo *fare* qualcosa. È questo di cui abbiamo bisogno".

Amma ha poi suggerito ai giovani e ai leader dell'Iniziativa di ricordarsi che il solo sforzo umano non è sufficiente, e che senza la grazia divina nessun progetto si realizzerà. "Diventate umili", ha detto Amma. "Rimanete dei principianti fino alla fine, come un bambino dotato di enorme fede e pazienza. È il cammino migliore. Questo dovrebbe essere il nostro atteggiamento verso la vita e le esperienze che essa ci offre. In questo modo continueremo ad imparare. Il nostro corpo, ma non la mente, è cresciuto in tutte le direzioni. Perché la mente cresca e diventi grande come l'universo, dovremmo diventare come bambini".

"Quindi, andate avanti. Tornate alle vostre rispettive aree di azione, sentite le sofferenze della gente e lavorate con impegno. C'è molto da imparare. Facciamo del nostro meglio. Che la grazia di Dio benedica tutti noi".

La visione di Amma sul ruolo della donna nei vari settori della vita, compresa la politica e l'amministrazione dello Stato, ci mostra la sua prospettiva universale – una visione nata dalla sua realizzazione interiore di unità e pace. Secondo Amma, dare più potere alle donne non significa rifiutare gli uomini e regolare con loro conti in sospeso. Al contrario, la visione di Amma è quella del perdono, della comprensione reciproca e dell'amore. Solo un'azione basata su una visione così ampia potrà portare il genere umano ad elevarsi sia materialmente che spiritualmente.

Swami Amritaswarupananda Puri
Vice Presidente
Mata Amritanandamayi Math

Il potenziale infinito delle donne

Un discorso di Sri Mata Amritanandamayi Devi

Jaipur, India – 7 marzo 2008

In tutto il mondo sono in corso accese discussioni per riconoscere alle donne un ruolo di parità rispetto agli uomini in tutte le sfere della società, e conferire loro la stessa considerazione. Questo è un gradito segno di cambiamento. Per lungo tempo, le donne hanno dovuto soffrire in silenzio, senza possibilità di dialogo. Nel corso della storia, le donne sono state soggette a persecuzioni e sfruttamento fisico, emotivo e intellettuale. Perfino in Paesi cosiddetti progressivi e sviluppati, le donne sono ancora discriminate in molti settori, anche se in maniera più attenuata rispetto al passato. Gli uomini sono stati costretti, nel corso dei tempi, a concedere protezione fisica alle donne. Ancora oggi, tuttavia, essi sono riluttanti a garantire alle donne un ambiente libero da disuguaglianze e tensioni emotive e intellettuali - sia al lavoro, in casa o in società. Finché persisterà questo atteggiamento, un'ombra continuerà a stendersi sul rapporto uomo-donna e sulla società nel suo insieme. Senza un rispetto reciproco e un'amorevole accettazione, le loro vite saranno come due sponde distanti tra loro senza un ponte che le unisca. Perché la donna possa rapportarsi all'uomo e l'uomo alla donna, entrambi devono coltivare maggiore comprensione, maturità mentale e discriminazione intellettuale. Senza queste qualità, note discordanti, modelli irregolari e irrequietezza saranno le caratteristiche della società. L'uguaglianza deve essere creata nella mente. In questo momento, nella nostra mente predominano concetti d'ineguaglianza, e finché questo prevarrà, la crescita e lo sviluppo della società saranno incompleti, come un fiore sbocciato a metà. Allontanare le donne dalle questioni politiche ed economiche vuol dire escludere metà dell'intelletto e della forza della società. Gli uomini devono diventare consapevoli del progresso che la società e l'individuo possono raggiungere se le donne sono sinceramente invitate a cooperare. Forum, tavole rotonde con la partecipazione d'esperti e campagne pubblicitarie sono sicuramente necessari per trovare una soluzione a questo problema, ma limitarsi a pensare in termini puramente intellettuali non cambierà la situazione. Per trovare una soluzione, dobbiamo scoprire sia le cause più evidenti che quelle più sottili.

Un discorso di Sri Mata Amritanandamayi

Le donne dicono che non vengono loro riconosciuti lo status, la considerazione e la libertà che meritano, in casa, al lavoro o nella società. Non solo affermano di non essere rispettate, ma di essere trattate anche con disprezzo. Agli uomini non piace sentire questa verità. Pensano che le donne a cui è stata data troppa libertà siano diventate arroganti e trascurino la casa e i bambini. Prima di considerare quali aspetti di queste affermazioni corrispondano a verità, dobbiamo capire come questa situazione si sia creata, e quali ne siano state le cause. Se riusciamo in questo compito sarà più facile chiarire i malintesi.

In passato si è radicato nella mente della maggioranza degli uomini il concetto arrogante che "l'uomo è superiore alla donna e lei non ha bisogno di libertà o parità". La mentalità delle donne è, d'altronde, completamente diversa. Esse pensano: "Per tanto tempo gli uomini ci hanno dominato e sfruttato. Ne abbiamo abbastanza! D'ora in poi daremo loro una lezione, non c'è altra soluzione".

Entrambe le posizioni sono piene di risentimento e ostilità. Oggi questi pensieri distruttivi predominano sia nelle donne che negli uomini, gonfiando il loro ego e confondendo ancora di più il problema. Per liberare la nostra mente è necessario abbandonare questa mentalità competitiva di: "Chi è il migliore?".

Al termine di un matrimonio, quando arrivò il momento di firmare sul registro per formalizzare la cerimonia, il marito si fece avanti per primo. Poi fu il turno della moglie. Appena ebbe posto la firma, il marito gridò: "Basta... è tutto finito! Voglio immediatamente il divorzio!".

I presenti ne furono stupiti e il pubblico ufficiale chiese: "Di che cosa si tratta? Vuole divorziare subito dopo essersi sposato? Cos'è successo?".

Lo sposo replicò: "Cos'è *successo*? Apra gli occhi e guardi! Qui, guardi la mia firma. E ora guardi la sua. Lo vede com'è grande? Mi dica, ha mai visto una firma occupare un'intera pagina? So cosa significa, non sono stupido. Nella vita, lei vorrà prevalere e io rimarrò nell'ombra. È questo che lei vuole dire. Allora, lasciamo perdere! Non mi farò sminuire da lei!".

Oggi quando uomini e donne cercano di camminare fianco a fianco, i loro passi sono esitanti fin dall'inizio.

Le donne stanno mettendo in discussione le regole e le norme istituite dalla società e stanno iniziando a risvegliarsi e progredire. Ma gli uomini, legati a vecchie abitudini e tradizioni, glielo impediscono.

"Abbiamo dato la libertà alle donne", dicono gli uomini. Ma di che tipo?

Un uomo donò ad un amico una pietra preziosa. Nel momento in cui gliela diede, iniziò a lamentarsi: "Che peccato! Non avrei dovuto separarmene". Continuò ad affliggersi e a rimuginare su ciò che aveva fatto. Non solo, iniziò a progettare come recuperarla. Simile è lo spirito con cui gli uomini hanno concesso la libertà alle donne. La libertà, infatti, non è qualcosa che gli uomini devono concedere alle donne, poiché è un loro diritto imprescindibile. Gli uomini gliel'hanno tolta e se ne sono appropriati.

In passato, gli uomini avevano la libertà e la licenza di fare qualsiasi cosa, poiché erano gli unici a lavorare. Avendo l'esclusivo controllo sulle finanze e sulle altre attività, esercitavano un'autorità che imprigionava le donne. Continuavano a fare i propri comodi, tenendo le donne sotto chiave. La situazione ora è cambiata. Anche se rinchiuse, le donne stanno aprendo le porte dall'interno e si stanno liberando. La ragione è che al giorno d'oggi le donne sono istruite, hanno un lavoro e i mezzi per essere autonome. Gli uomini devono capire che i tempi sono cambiati.

In passato le donne erano confinate nei limiti delle convenzioni sociali. Dovevano osservare i dogmi tramandati da generazioni ed essere ubbidienti. "Rispetta gli uomini", "non fare domande", "fa' quello che ti viene detto" - erano le regole imposte alla donna. A causa di queste oppressioni lei era incapace di esprimere i propri talenti. Piante come i bonsai, cresciute nei vasi, non daranno né fiori né frutti. Non sono forse solo oggetti ornamentali? Allo stesso modo le donne erano viste come semplici strumenti di piacere e felicità per gli uomini. Erano come i *tambura*, suonati solo per accompagnare il canto dell'uomo.

Una volta un giornalista visitò un Paese straniero in cerca di una storia. Vide in città un gruppo di persone camminare per la strada. Gli uomini avanzavano per primi, seguiti dalle donne con i bambini in braccio e pesanti carichi sulle spalle. In quel Paese, ovunque il giornalista viaggiasse, la scena era la stessa. Pensò: "Tutto questo è terribile, gli uomini qui sono così all'antica!".

Dopo qualche mese, in quel Paese scoppiò la guerra. Per valutare le condizioni dopo il conflitto, il reporter ritornò nello stesso luogo. Questa volta vide esattamente l'opposto. Ora erano le donne che camminavano davanti e gli uomini dietro, portando sia i bambini che i pesi. Il reporter si rallegrò pensando: "Che cambiamento incredibile ha portato la guerra!". Domandò ad una delle donne maggiori chiarimenti. Proprio in quel momento sentì un'esplosione. Una delle donne aveva calpestato una mina ed era stata uccisa all'istante. La donna intervistata disse: "Avete visto il *cambiamento*? Questo è solo un nuovo piano che gli uomini hanno escogitato per proteggere se stessi!".

Questo è solo un esempio. Speriamo che tale situazione non debba mai verificarsi. Ognuno pensa soltanto alla propria sicurezza. Gli uomini hanno il diritto di essere felici, ma non a spese della felicità delle donne.

In alcuni Paesi si credeva addirittura che le donne non avessero un'anima. Se in questi Paesi un uomo avesse ucciso la moglie, non sarebbe stato punito. Dopotutto, come si poteva considerare un crimine uccidere qualcuno senz'anima?

"La donna è debole, ha bisogno che l'uomo la protegga": per generazioni questo è stato il pensiero dominante. La società ha assegnato all'uomo il ruolo di protettore, ma l'uomo lo ha usato per sfruttare la donna. L'uomo non dovrebbe porsi né come protettore né come punitore. Dovrebbe coesistere con la donna, disponibile e aperto mentalmente, consentendole di assumere un ruolo d'avanguardia nella società.

Molte persone domandano: "Da dove ha origine l'ego maschile?" Secondo il *Vedanta* (la filosofia della non-dualità), la causa ultima potrebbe essere *maya* (illusione), ma a un livello più elementare ci potrebbe essere un'altra spiegazione. Nei tempi antichi, gli uomini vivevano nelle foreste, abitando in grotte o in case in cima agli alberi. Essendo gli uomini fisicamente più forti delle donne, erano loro a cacciare e a proteggere la famiglia dagli animali selvatici. Il compito principale delle donne era prendersi cura della casa e dei figli. Poiché erano gli uomini a procurare il cibo e le pelli da usare come vestiti, è possibile che abbiano sviluppato l'idea che le donne dipendessero da loro per la sopravvivenza – che loro erano i padroni e le donne le serve. In questo modo è anche possibile che le donne abbiano iniziato a considerare gli uomini come loro protettori. Ecco come potrebbe aver avuto origine l'ego maschile.

La donna non è debole e non dovrebbe mai essere considerata tale. La sua naturale compassione ed empatia sono troppo spesso state fraintese come debolezza. Se una donna attinge alla sua forza interiore, può diventare più uomo di un uomo[1]. Una società maschile dovrebbe aiutare sinceramente la donna a realizzare e riconoscere

---

[1] In India, le virtù associate all'uomo includono il coraggio, il discernimento e il distacco. Quelle associate alla donna l'amore, la compassione e la pazienza.

la sua forza latente. Se ci sintonizziamo con questo potere interiore, questo mondo può diventare un paradiso. Finiranno guerre, conflitti e terrorismo. L'amore e la compassione diverranno automaticamente parte integrante della vita.

Amma è venuta a conoscenza di un episodio accaduto in un paese africano. Durante una guerra morirono innumerevoli uomini. Sebbene le donne costituissero il 70 per cento della popolazione, non si persero d'animo. Si unirono e, singolarmente o in gruppo, iniziarono piccole attività. Allevarono sia i propri figli che quelli rimasti orfani. In poco tempo, queste donne si sentirono molto più forti e la loro situazione generale migliorò radicalmente. Questo dimostra che le donne, se vogliono, possono risollevarsi dalla distruzione e diventare una forza considerevole.

Simili episodi inducono molti a concludere che se ci fosse una donna alla guida, si potrebbero evitare molte guerre e sommosse. Dopotutto, una donna manderebbe i propri figli in battaglia solo dopo un'accurata valutazione. Solo una madre può comprendere il dolore di colei che ha perso un figlio.

Se le donne si uniscono e si sostengono a vicenda, possono apportare molti cambiamenti auspicabili nella società. Gli uomini, però, devono incoraggiarle a farsi avanti. Uomini e donne dovrebbero unirsi per salvare la nostra società e le generazioni future da un grande disastro – questo è il messaggio di Amma. Oggi, invece, la situazione è simile a due veicoli stracarichi provenienti da direzioni opposte che accelerano l'uno nella direzione dell'altro, entrambi riluttanti a spostarsi per fare passare l'altro.

Ci sono differenze di mentalità, strategia e attività tra uomini e donne in relazione ai tempi, ai luoghi e alle culture. Ciò nonostante, ogni epoca ha visto donne coraggiose uscire dai limiti a loro imposti e iniziare delle rivoluzioni. Principesse indiane come Rani Padmini, Hathi Rani, Mirabai e Jhansi Rani sono state simboli di valore e purezza.

Gioielli simili di femminilità, come ad esempio Florence Nightingale, Giovanna d'Arco e Harriet Tubman, sono esistiti anche in altri Paesi. Ogni qualvolta si sono presentate delle opportunità, le donne hanno offuscato gli uomini in ogni campo. La donna ha la forza e il talento per farlo.

C'è una forza invincibile nella donna. Se riesce a liberarsi dalla buia e lugubre prigione della mente e delle emozioni, può librarsi nel cielo infinito della libertà.

Una volta, per caso, un aquilotto si ritrovò a vivere in una nidiata di pulcini. La chioccia lo allevò come se fosse uno dei suoi piccoli. Come i pulcini, l'aquilotto crebbe raspando il terreno in cerca di vermi. Di conseguenza, pensava di essere un semplice pollo, ignorando di poter volare e di librarsi in cielo. Un giorno, un'altra aquila notò l'aquilotto giocare con i pulcini. Quando vide che era solo, "l'aquila del cielo" avvicinò il "pollo aquila" e lo portò in riva a un lago. L'"aquila del cielo" disse: "Figlio mio, non sai chi sei? Guardami, e ora guarda la tua immagine riflessa nell'acqua. Come me, anche tu sei un'aquila con l'abilità di elevarti nel cielo – non sei un pollo legato alla terra". Gradualmente l'aquilotto si rese conto della propria forza, e, senza tanto indugio, spiegò le ali e si librò nel cielo.

La vastità del cielo è il suo ambiente naturale. Allo stesso modo, la donna ha il potenziale di elevarsi nel cielo infinito della forza e della libertà. Ma prima che questa libertà diventi realtà, la donna si deve preparare con uno sforzo deciso. Sono il pensiero di essere impotente e il peso di numerose limitazioni e debolezze ad inibirla. Deve innanzitutto trasformare questo modo di pensare, poi il cambiamento si manifesterà spontaneamente al suo interno. Tuttavia, non dovrebbe confondere la libertà del Sé con quella del corpo.

Amma, comunque, ribadisce che le donne dovrebbero abbandonare la tendenza a criticare gli uomini. Gli uomini hanno bisogno del sostegno fisico ed emotivo delle donne. In genere, è vero che gli uomini non hanno un'alta opinione delle donne. Tuttavia, non possono essere completamente biasimati. Sono state le vecchie tradizioni e le situazioni in cui sono cresciuti a trasmettere loro questa visione. Ad esempio, se un americano viene in India e gli viene chiesto di non usare le posate ma di mangiare con le mani, potrebbe inizialmente avere qualche difficoltà. La natura abitudinaria della persona è così; non sempre si è in grado di cambiare velocemente. È altrettanto irragionevole aspettarsi che gli uomini cambino in fretta. Sono guidati da una mente a loro sconosciuta. Se qualcuno cade di fronte ad un elefante, l'elefante alzerà la zampa e lo calpesterà. Anche un elefantino farebbe la stessa cosa, tale è il potere dell'istinto. Invece di accusare gli uomini, dovremmo sforzarci, con pazienza e amore, di cambiarli gradualmente.

Se cerchiamo di aprire con la forza i petali di un fiore ancora chiuso, la sua bellezza e il suo profumo saranno persi. Dobbiamo permettere al fiore di sbocciare naturalmente. In modo analogo, condannare gli uomini o aspettarsi che cambino in fretta, facendo loro pressione in tal senso, influenzerà negativamente la famiglia e la vita sociale sia dell'uomo che della donna. Ognuno dovrebbe capire la predisposizione mentale dell'altro.

"Dobbiamo prevalere": è questo è l'obiettivo di molte donne. È vero, le donne devono andare avanti, ma anche girarsi e tenere in considerazione il figlio che segue i loro passi, senza abbandonare le responsabilità di genitore. Per amore dei propri figli, una madre dovrebbe almeno avere un po' di pazienza. Non è sufficiente dare spazio al bimbo nel ventre, la madre deve dargli spazio anche nel cuore.

L'integrità, la bellezza e la fragranza della società futura dovrebbero essere espresse attraverso le madri. La mamma è il primo maestro e, in quanto tale, è lei che può influenzare maggiormente un bambino. Qualsiasi cosa faccia la madre, il figlio l'assorbirà. Il latte materno non nutre solamente il corpo di un neonato, ma ne sviluppa anche la mente, l'intelletto e il cuore. Allo stesso modo, i valori che una madre trasmette al proprio figlio gli daranno la forza e il coraggio per il futuro. Essendo la donna a partorire e ad allevare l'uomo, come può essergli inferiore? Solo con il risveglio e lo sforzo delle madri, sarà possibile una nuova era piena d'amore, compassione e prosperità.

Tanto tempo fa, al momento delle doglie una regina incinta convocò l'astrologo, che le predisse: "Il periodo più favorevole per dare alla luce il bimbo inizierà tra qualche ora. Se nascerà allora, sarà l'incarnazione di tutte le qualità più nobili. Sarà una benedizione per la nazione e per il popolo". Quando la regina udì la predizione, si fece appendere con le gambe al soffitto e la testa in giù, con le mani che toccavano il pavimento. Mise un orologio vicino a sé per sapere quando sarebbe arrivata l'ora propizia. Non appena si avvicinò il momento, istruì le attendenti perché la preparassero per il parto. Partorì nel momento esatto menzionato dall'astrologo. A causa del trauma a cui si era volontariamente sottoposta per aspettare il momento giusto, la regina morì. Quando il principe divenne re, lavorò instancabilmente per il bene del popolo e del regno. Costruì innumerevoli tempi di grande splendore. La nazione fiorì e le persone vissero in pace, soddisfatte e felici.

Oggigiorno, la gente pensa solo a quello che può ottenere. Non dovremmo pensare in termini di quello che possiamo guadagnare, ma di quello ciò che possiamo offrire per il bene della società.

La forza interiore delle donne scorre come un fiume. Se la corrente di un fiume incontra una montagna, le scorrerà intorno. Se c'è un gruppo di rocce, il fiume le attraverserà. Qualche volta l'acqua scorrerà sopra o sotto le rocce. Allo stesso modo, la forza femminile ha la capacità di procedere verso l'obiettivo finale superando ogni ostacolo che incontra. Gli uomini devono essere pronti a riconoscere il giusto valore alla forza interiore femminile. Per il bene della crescita collettiva della società, gli uomini dovrebbero accettare e incoraggiare le donne con una mente aperta.

In passato, gli uomini erano come una strada ad una corsia sola, a senso unico. Ora occorre che diventino come autostrade. Non solo dovrebbero facilitare il progresso delle donne, ma anche dare loro spazio. Gli uomini sono dotati di più muscoli e forza fisica, ma invece di usarli per sopprimere le donne possono usarli per sostenerle. Le organizzazioni dovrebbero promuovere incontri per discutere come assegnare posizioni dirigenziali anche alle donne. Ricordiamoci però che l'eguaglianza non è una questione di potere o posizione, è uno stato mentale.

Gli uomini e le donne dovrebbero onorare il cuore riconoscendogli la stessa importanza che attribuiscono alla mente. Dovrebbero sforzarsi di lavorare per riconciliare l'intelletto e il cuore, ed essere modelli gli uni per gli altri. Allora l'uguaglianza e l'armonia arriveranno naturalmente. L'uguaglianza non è qualcosa di esterno. Una gallina non canterà mai come un gallo, ma un gallo può forse deporre le uova? Anche se ci sono differenze esteriori, è possibile unificare le menti. L'elettricità si manifesta in un frigorifero come freddo, in un termosifone come calore e in una lampadina come luce. Una televisione non avrà le stesse proprietà di una lampadina, né una lampadina quelle di un televisore. E un frigorifero non potrà svolgere le funzioni di un calorifero, e viceversa. Tuttavia, l'elettricità che scorre attraverso questi apparecchi è una sola. Allo stesso modo, malgrado esistano differenze esterne tra l'uomo e la donna, la coscienza che risiede in entrambe è la stessa.

Ogni cosa nell'universo ha un suo posto, nulla è insignificante. C'è un significato e una coscienza in ogni aspetto della creazione. Ogni cosa ha la sua natura essenziale; alcune cose potranno essere "grandi", altre "piccole". La luce è la natura del sole, l'onda quella del mare e la frescura quella del vento. Ciò che dona la calma ad un cervo e la ferocia ad un leone è la loro natura intrinseca. Similmente, donne e uomini hanno una loro natura specifica che li contraddistingue. Cerchiamo di non scordarcene mai.

Nel tentativo d'imporsi sugli uomini, alcune donne ora fumano e bevono come loro dimenticando il proprio dono di essere madre. Comportarsi così non solo è pericoloso, ma non porterà neanche i cambiamenti desiderati.

L'uomo non è migliore della donna, né la donna migliore dell'uomo. La verità fondamentale è che, nella creazione, nessuno è superiore a un altro. Attribuendo superiorità solo a Dio, le donne e gli uomini possono diventare strumenti al servizio dell'Onnipotente. Da questo approccio potrà emergere la vera uguaglianza tra loro.

Quello a cui assistiamo oggi è lo scontro tra il passato e il futuro. La comunità maschile che non vuole il compromesso è il simbolo del passato. Se il futuro deve essere un bel fiore pienamente sbocciato e fragrante, occorre che vi sia una collaborazione reciproca in tutti i settori. Coloro che desiderano pace e appagamento nella comunità mondiale, devono tener conto di questo aspetto adesso, in questo istante. Per un futuro pieno di promesse, è necessario che le menti e gli intelletti delle donne e degli uomini si uniscano. Non possiamo aspettare oltre. Più rimandiamo e peggiore sarà la condizione in cui si troverà il mondo.

Se uomini e donne si uniscono, possono creare un governo sano. Ma perché ciò si realizzi, sono necessari una comprensione reciproca e un dialogo sincero. Il veleno del serpente può causare la morte, ma può essere anche trasformato in un farmaco salvavita. Allo stesso modo, se riusciamo a trasformare i nostri pensieri negativi in abilità, saremo ancora in grado di salvare la società. Solo l'amore può tramutare in ambrosia il veleno dei pensieri negativi.

L'amore è un'emozione comune a tutti gli esseri viventi. È il cammino sul quale uomini e donne si possono incontrare, sul quale insieme possono raggiungere la Natura, e la Natura l'universo. L'amore che supera ogni limite è *vishwa matrutvam* – la maternità universale.

La migliore fioritura che può avvenire sulla terra è quella dell'amore. Un bel fiore colorato e profumato sboccia naturalmente, anche da una piccola pianta. In modo analogo, l'amore germoglia nel cuore umano, poi fiorisce e si espande. Sia gli uomini che le donne dovrebbero permettere questa fioritura interiore.

Non c'è niente di più profondo della forza e della bellezza di due cuori che si amano. L'amore esercita sulla mente il potere rinfrescante della luna piena e lo splendore luminoso dei raggi del sole. L'amore però non entra nel cuore senza il nostro permesso. Donne e uomini dovrebbero entrambi avere la volontà di accogliere all'interno questo amore in attesa. Solo l'amore può cambiare per sempre la mente e, di conseguenza, le realtà delle donne e degli uomini.

Se moglie e marito vivono con comprensione reciproca, il crescente senso di alienazione tra loro diminuirà. Di conseguenza, vi saranno anche meno problemi nella società. Oggi, marito e moglie potrebbero anche proclamare per ingannare gli altri: "Viviamo insieme nell'amore e nella fiducia". Questo è un amore falso. L'amore non è qualcosa da immaginare o simulare, ma da vivere. È la vita stessa.

Fingere è come indossare una maschera. Indipendentemente da chi la indossa, deve essere rimossa, altrimenti ci penserà il tempo a farlo. Secondo la durata del ruolo del personaggio, qualcuno la rimuoverà prima, mentre qualcun altro un po' più tardi. Questa è l'unica differenza.

Com'è accaduto che l'amore, che è la natura intrinseca e il dovere dell'essere umano, sia diventato una maschera? L'amore diventa una finzione quando uno denigra se stesso, agendo con arroganza e ostinazione. Ad esempio: ci si toglie la sete sedendosi semplicemente sulla riva di un fiume? Per dissetarsi, bisogna chinarsi e bere. Che senso ha rimanere in piedi a maledire il fiume, invece di agire? Allo stesso modo, se ci abbandoniamo, sarà facile colmarci delle acque cristalline dell'amore.

Oggigiorno, nei loro rapporti, donne e uomini si comportano come agenti segreti. Qualsiasi cosa vedano o sentano li insospettisce. Questo "dubbio" toglie longevità e salute, ed è in verità una malattia seria. Le persone che ne sono afflitte perdono la capacità di ascoltare con empatia i problemi dell'altro.

Sebbene molte relazioni siano in crisi, non abbiamo perso l'amore per sempre. Se l'amore muore, l'universo morirà. La brace perenne dell'amore è in ognuno di noi. Dobbiamo semplicemente soffiarci sopra e la fiamma si ravviverà.

Sempre più specie di animali sono in estinzione. Lasceremo che l'amore si estingua così nel cuore degli esseri umani? Per prevenire la scomparsa dell'amore, gli esseri umani devono tornare a rispettare, venerare e riporre la loro fede nel potere divino. Quel potere non è fuori di noi. Per poterlo scoprire al nostro interno, però, dobbiamo correggere le nostre prospettive. Per esempio, quando leggiamo un libro ci concentriamo sulle parole, non sul foglio di carta su cui sono stampate le parole. La carta è il substrato sul quale le parole appaiono con evidenza.

Provate a fare questo esperimento con qualcuno. Coprite un cartellone con un foglio bianco e fate un piccolo punto nero al centro. Poi chiedete:

"Cosa vedete?". La maggioranza delle persone probabilmente dirà: "Vedo un piccolo punto nero"; pochi diranno: "Vedo un puntino nero al centro di un grande foglio bianco".

Oggi l'umanità è così. Dobbiamo innanzitutto riconoscere che l'amore è il nucleo della vita. Quando leggiamo, certamente dobbiamo essere in grado di vedere le lettere. Ma dobbiamo anche riconoscere il foglio che ne è il substrato. Al presente, invece di guardare l'esterno partendo dall'interno, guardiamo dall'esterno verso l'interno. In questo modo non saremo in grado di vedere niente con chiarezza.

Nel mondo, uomini e donne, mentre competono per guadagnare denaro, posizione, prestigio e libertà, hanno i loro bisogni e diritti. Consumano così tanto tempo ed energia nello sforzo di raggiungere questi obiettivi. Nel mezzo di tutti questi tentativi, dovremmo riservare un angolo della nostra mente per ricordarci di una verità: senza amore, il nome, la fama, la posizione o il denaro non potranno darci alcuna felicità o soddisfazione. La mente, l'intelletto e il corpo devono essere radicati nel puro amore, che è il fulcro della nostra vita. È essenziale operare partendo da questo centro di puro amore. Allora le differenze tra donna e uomo si manifesteranno solo nella forma e ci renderemo conto che, nell'essenza, siamo uno.

Jaipur è il luogo ideale per questa conferenza. Questa terra è testimone di una cultura nobile. Qui sono nate e hanno vissuto principesse dal valore e dalla purezza spirituale non comuni. Grazie ad una mente pura e a grandi sacrifici, hanno sostenuto nella vita ideali inestimabili. Purezza mentale e coraggio sono le qualità di cui ha bisogno la donna, indipendentemente dal periodo storico o dal luogo. Se la donna fa diventare queste caratteristiche il suo stesso respiro vitale, la società la metterà su un piedistallo, e la posizione, il nome, la fama e l'adorazione che merita arriveranno spontaneamente.

In verità, la purezza mentale è alla base del coraggio, e la fonte della purezza mentale è l'amore. Solo l'amore può liberare l'uomo e la donna dalla buia prigione del passato e condurli alla luce della verità. L'amore e la libertà sono interdipendenti. L'amore può sorgere solo in un cuore libero dai pensieri del passato. Solo quando ci sarà amore dentro di noi, la mente sarà libera. Quando la mente è libera, si raggiunge una completa libertà nella vita.

Se vogliono libertà, eguaglianza e felicità, gli esseri umani devono amarsi l'un l'altro o amare la Natura. Altrimenti, devono impegnarsi a realizzare il Sé interiore. Il tempo per compiere tutto ciò è scaduto da molto. A questo punto, un ulteriore ritardo metterà l'umanità in grave pericolo.

Molte donne vengono da Amma e le domandano: "Perché Dio ci ha fatto nascere donne?". Quando Amma chiede loro il motivo della domanda, rispondono: "Gli uomini ci tormentano sia fisicamente che mentalmente. Quando ci parlano è sempre con un tono di superiorità. Di conseguenza iniziamo a provare disgusto per noi stesse". Pensano che l'essere nate donne sia una maledizione, e nascere uomini sia superiore sotto ogni aspetto. Sotto il peso del loro complesso d'inferiorità, si ritrovano senza la forza di affrontare gli altri con coraggio. Forse sono questi pensieri e queste esperienze che portano le donne a commettere l'infanticidio femminile. Il pensiero di sottoporre un'altra donna a questo mondo crudele le riempie di paura.

Sebbene la dote sia illegale da molto tempo, questo non ha ridotto le somme di denaro che si danno o si ricevono nei matrimoni.

Come possiamo porre fine all'usanza della dote, che rinforza l'idea che le donne appartengano a una classe subalterna e siano limitate rispetto agli uomini? Come possono le famiglie povere, che faticano anche solo per avere vestiti decenti, sperare mai di risparmiare i soldi sufficienti per la dote? Ci sono donne che uccidono le neonate femmine solo per questa ragione.

Francamente, in India le leggi sul divorzio non favoriscono le donne. Una volta che il caso giunge in tribunale, diventa una vera guerra. Ancora oggi, enormi ritardi fanno sì che le cause di divorzio si trascinino per anni. E alla fine, la donna ottiene raramente più di 400 o 500 rupie al mese. Dopo il divorzio, il mantenimento dei figli è lasciato completamente a carico delle madri. L'insignificante somma di denaro che ricevono è appena sufficiente a sfamarli per una settimana. Di conseguenza, alcune donne non hanno altra scelta che prostituirsi. Amma stessa ha asciugato le lacrime di molte di loro, obbligate a fare una doppia vita, alternando settimane a casa con quelle nei bordelli. Altre cercano di trovare lavoro come domestiche, ma spesso subiscono abusi indescrivibili da parte dei datori di lavoro, che si avventano come avvoltoi sui loro corpi indifesi. Infine anch'esse si danno alla prostituzione, e le loro figlie seguono le orme delle madri. In tenera età sono portate nelle case di piacere e presto sono costrette a concepire. I protettori costringono queste donne a restare con loro minacciandole: "Se te ne vai, non rivedrai più tuo figlio". In questo modo sono costrette a continuare.

In occidente, le prostitute sono più consapevoli delle potenziali conseguenze delle proprie azioni e usano le precauzioni necessarie. Ma in India queste donne sono vittime d'innumerevoli malattie sessuali e la loro esistenza si trasforma in un inferno. Tutto questo ciclo inizia con la mancanza di rispetto dell'uomo verso la donna e con il conseguente complesso di inferiorità generato in lei.

Un altro problema a cui stiamo assistendo è l'aumento degli stupri. Alcuni affermano che è il risultato del modo provocante in cui si vestono le donne nella società moderna. Questo non è completamente vero poiché nei tempi passati, in alcuni strati della società, le donne in India non indossavano la camicetta e si coprivano solo con un singolo pezzo di stoffa. Era insolito vedere una donna con uno scialle. Eppure a quei tempi era raro sentir parlare di stupro. Perché? Perché i valori spirituali avevano una forte influenza sulla vita di tutti i giorni e le persone erano consapevoli del *dharma* – comportarsi con rispetto e cura nei confronti dell'umanità nel suo insieme. Grazie ai semafori e alle videocamere, le persone sono costrette ad osservare i limiti di velocità. Sanno che se vengono colte troppe volte a superare il limite di velocità verrà ritirata loro la patente. Allo stesso modo, nell'antichità, grazie a dei valori stabili, neanche un uomo che moriva di fame avrebbe mai rubato. Anche se attratti dalle donne, gli uomini mantenevano l'autocontrollo. La loro consapevolezza del *dharma* e la paura che ne derivava li faceva agire in modo corretto.

Lo sviluppo della tecnologia informatica ha giovato molto alla società. L'utilizzo indiscriminato di Internet e della televisione, tuttavia, ha reso questi mezzi degli ulteriori istigatori di violenza sessuale e di comportamenti devianti. Chiunque può accedere a siti Internet che risvegliano tendenze animali nell'uomo. Molti Paesi del Golfo applicano severe misure di sicurezza per bloccare l'accesso a questi siti. Anche l'India dovrebbe considerare questa soluzione. Qualcuno potrebbe obiettare: "Ognuno è libero!", "La libertà di scelta è un nostro diritto!", oppure "Fa parte dell'educazione moderna!". Ma se, per placare questi argomenti, ci asteniamo dall'introdurre tali limitazioni, le generazioni future saranno distrutte. La responsabilità sarà nostra.

Nella vita, *artha* e *kama* – il guadagno di denaro e l'appagamento dei desideri – non sono sufficienti; innanzitutto dobbiamo essere consapevoli del *dharma* – la rettitudine.

Prima di concludere, Amma vorrebbe dare alcuni suggerimenti che ritiene potrebbero recare sollievo alle sofferenze che le donne stanno attualmente vivendo nella società:

1. L'infanticidio femminile è considerato un reato, ma la legge non è applicata. Il governo deve prendere le misure necessarie per far sì che chi viola queste leggi venga punito.

2. Le donne che possiedono le capacità, l'istruzione e i mezzi economici dovrebbero aiutare a migliorare la condizione delle donne non istruite e con difficoltà economiche. Tuttavia, questi sforzi dovrebbero riconoscere l'importanza dei valori e della cultura, e non diventare mai mezzi per contestare le credenze o la fede degli abitanti dei villaggi.

3. Perché vi sia parità tra i sessi, è fondamentale che le donne diventino economicamente indipendenti. Per questo, è necessaria l'istruzione. I genitori dovrebbero impegnarsi per assicurare il più possibile un'educazione alle proprie figlie, aiutandole così ad essere indipendenti. Non essendo l'età un limite all'educazione scolastica, le donne dovrebbero unirsi per trovare modi creativi per educare le donne analfabete.

4. Ogni volta che nasce una bambina, il governo potrebbe destinare una somma di denaro per il suo futuro. Così, quando la ragazza sarà in età

da matrimonio, avrà i fondi necessari. Questo ridurrebbe l'infanticidio femminile.

5. Sarebbe bene che nascessero maggiori istituzioni destinate ad accogliere le neonate rifiutate. Una di queste si chiama "Mother Cradle" (La culla materna). La società dovrebbe creare maggiore consapevolezza dell'esistenza di tali organizzazioni.

6. Ad ogni ora della notte, le donne dovrebbero essere in grado di camminare da sole senza paura, e gli uomini impegnarsi seriamente perché questo diventi realtà.

7. In sanscrito, la dote viene indicata con il termine *stri dhanam*. *Stri* significa 'donna', *dhanam* significa 'ricchezza'. Gli uomini, avidi al pensiero della dote che riceveranno, dovrebbero capire che stri *è* dhanam – le donne *sono* la ricchezza acquisita nel matrimonio.

8. Offrire una buona istruzione alle ragazze è tanto importante quanto creare una campagna di sensibilizzazione per i ragazzi. Sin da giovani devono capire, nel profondo, che la donna non è una merce, né una palla che l'uomo può prendere a calci. La donna è la Madre, degna di rispetto e adorazione.

9. In India, la percentuale dei divorzi sta aumentando. In occidente, in genere, quando una coppia divorzia, l'uomo deve pagare gli alimenti

finché la donna non si risposa. Questo sistema dovrebbe essere applicato anche in India.

10. Le donne dovrebbero anche tentare di coinvolgere gli uomini nella ricerca della parità.

11. In una certa misura, gli uomini sono riusciti a promuovere la falsa idea che "le donne non sono forti o coraggiose". È tempo di dimostrarne la fallacia, non sfidando gli uomini o entrando in competizione con loro. La donna, grazie alla pura essenza della maternità che le è innata, non ha paura nemmeno della morte. Con questa sicurezza di sé, che le permette di dare alla luce un figlio, la donna dimostra costantemente al mondo che è la forza e la vera incarnazione del coraggio.

Se voi dite a una persona che ha una laurea: "Tu non hai la laurea", invalidereste in qualche modo la sua qualifica? No. Le donne, allo stesso modo, possiedono già tutto quello di cui hanno bisogno per eccellere nella società. Sono impeccabili, complete in tutti gli aspetti. Quando gli uomini cercano di screditarle, le donne non dovrebbero abbattersi e credere di essere inferiori all'uomo. Sono le donne che hanno dato vita ad ogni singolo uomo sulla terra. Siate orgogliose di questa benedizione unica e avanzate con fiducia nel vostro potere intrinseco. Non dovreste mai pensare a voi stesse come a deboli agnellini, ma sempre come a delle leonesse.

Gli occhi e le orecchie degli esseri umani, saturi di egoismo ed egocentrismo, sono sempre aperti. Tuttavia, gli occhi interiori, indispensabili per vedere le sofferenze altrui, e le orecchie interiori, necessarie per ascoltare con compassione le storie dei sofferenti, rimangono chiusi. Amma prega dal profondo del cuore che questa condizione straziante possa rapidamente cambiare. Che tutti possano ascoltare, aver cura e rispondere ai problemi degli altri. Che ognuno preghi per la felicità e la pace altrui. Amma offre queste preghiere al *Paramatma* – il Sé Supremo.

Om Lokah Samastah Sukhino Bhavantu
Che tutti gli esseri di tutti i mondi siano felici

www.ingramcontent.com/pod-product-compliance
Lightning Source LLC
Chambersburg PA
CBHW070042070426
42449CB00012BA/3134